WILLIAM SAROYAN
ARMENISCHE FABELN

WILLIAM SAROYAN

ARMENISCHE FABELN

ZEICHNUNGEN VON ROLF LEHMANN

IM SANSSOUCI VERLAG IN ZÜRICH

Titel des englischen Originals: «Saroyans Fables»
Berechtigte Übertragung von Maria Dessauer

Alle Rechte vorbehalten
Copyright © 1959 by Sanssouci Verlag AG, Zürich
Printed in Switzerland
ISBN 3 7254 0316 3

Inhalt

1. Die Parabel von der Lieblichkeit des Gottvertrauens ...   7
2. Was der verständige junge Mann vom vogelhirnigen König ...   10
3. Wie der Bär sich des törichten Jägers erbarmte ...   12
4. Die sinnlose, aber vom schönen Zorn getragene Bemerkung ...   13
5. Wie der Schildkröte hochtrabende Bemerkung ...   14
6. Wie der ein wenig weichherzige Mann ...   15
7. Was geschieht, wenn man gewisse Leute ...   19
8. Auf welches Hindernis der Gauner aus Odessa stieß ...   20
9. Wie der Schwindler jenen König zum besten hielt ...   21
10. Was der armenische Fleischer sagte ...   24
11. Wie der Teufel vom jungen Burschen aus Bitlis ...   27
12. Von den Lügen, die der Kahlköpfige und der Triefnasige ...   31
13. Wie der König, der glauben wollte ...   34
14. Was dem Kaninchen widerfuhr ...   36
15. Wie die mohammedanischen Fasten ...   38
16. Wie die unredlichen Händler einander überlisteten ...   42
17. Wie es den Klugschnakern erging ...   45
18. Berichtet von einem der langen und vertraulichen Gebete ...   47
19. Welche strengen, doch lehrreichen Worte ...   51
20. Was der zeitweilig verrückte ...   52
21. Wie schwer es für einen Mann ist ...   55
22. Berichtet die Worte des Priesters an den Mörder ...   60
23. Handelt davon, wie lang der Weiber Haar ist ...   62
24. Das Problem des unglücklichen kleinen Knaben ...   63
25. Meiner Großmutter Lucy herrliche Parabel ...   66
26. Welch lieblich Ding dem schönen Mädchen geschah ...   72

Diese Handvoll alter armenischer, von seinen Verwandten aus dem alten Land in treuem Andenken bewahrter und in sehr einfachem Englisch aufgezeichneter Geschichten, sowie einige Geschichten von jungen und alten Armeniern seiner Heimatstadt Fresno, Kalifornien, die hier zum ersten Mal erzählt und zu Papier gebracht sind, widme ich meinem Onkel
Aram Saroyan

1. Die Parabel von der Lieblichkeit des Gottvertrauens, und wie es das Leben mindestens eines guten Mannes rettete

Zur Erläuterung der ehrfurchtgebietenden Lieblichkeit des Vertrauens in Gott und der Sinnlosigkeit jeglicher Verzweiflung berichtet meine Großmutter Lucy die vielhundertjährige Geschichte des Zimmermanns, den eines Abends auf seinem Heimweg ein Freund anhielt und fragte: «Mein Bruder, warum ist dein Gesicht so traurig?»
«Wärst du in meiner Lage, du empfändest wie ich,» sagte der Zimmermann.
«Erkläre dich,» sprach der Freund.
«Bis morgen früh», sagte der Zimmermann, «muß ich elftausendelfhundertundelf Pfund Sägemehl aus Hartholz für den König bereit haben, oder ich werde enthauptet.»
Der Freund des Zimmermanns lächelte und legte ihm den Arm um die Schultern.
«Mein Freund», sagte er ‚«sei leichten Herzens. Laß uns essen und trinken und den morgigen Tag *vergessen*. Der allmächtige Gott wird, während wir ihm Anbetung zollen, statt unserer des Kommenden eingedenk sein.»
Sie gingen also zum Hause des Zimmermanns, wo sie Weib und Kinder in Tränen fanden. Den Tränen ward Einhalt getan durch Essen, Trinken, Reden, Singen, Tanzen und allsonstige Art und Weise von Gottvertrauen und Güte. Inmitten des Gelächters fing des Zimmermanns Weib zu weinen an und sagte: «So sollst

8

du denn, mein lieber Mann, in der Morgenfrühe enthauptet werden, und wir alle vergnügen uns indessen und freuen uns an der Güte des Lebens. So steht es also.»
«Denke an Gott», sprach der Zimmermann, und der Gottesdienst ging weiter.
Die ganze Nacht hindurch feierten sie. Als Licht das Dunkel durchdrang und der Tag anbrach, wurde ein jeglicher schweigsam und von Angst und Kummer befallen. Die Diener des Königs kamen und klopften sacht an des Zimmermanns Haustür, und der Zimmermann sprach: «Jetzt werde ich sterben» und öffnete.
«Zimmermann», sagten sie, «der König ist tot. Mache ihm einen Sarg.»

2. Was der verständige junge Mann vom vogelhirnigen jungen König sagte, der es für spaßhaft hielt, den Leuten schrullige, doch unmögliche Aufgaben zu stellen

Um jede beliebige Anzahl außergewöhnlicher Geschehnisse am Beispiel zu erläutern, erzählt mein Onkel Aram die Geschichte eines andern Königs und eines andern Mannes. Der König unterlag lächerlichen Launen, und der Mann – einer von des Königs Ratgebern – besaß mehr gesunden Menschenverstand, mehr Witz und Verwegenheit als der Herrscher und all seine Ahnen zusammengenommen.

Eines Abends sagte der König: «Spätestens bis morgen vormittag wünsche ich von dir zu erfahren, wie viele Blinde es in dieser Stadt gibt.»

«Aha», sagte der Ratgeber. «Hmhm, ich verstehe».

Und er ging fort, um über die Lösung dieses albernen Auftrags nachzusinnen. Er gewann die Dienste eines erfahrenen Buchhalters, setzte ihn auf ein schmuckes Pferd, gab ihm Heft und Feder in die Hand und befahl ihm, durch die Straßen zu reiten und die Blinden aufzuschreiben, in der Reihenfolge, in der sie ihm entgegenkämen. An den Sattel seines eigenen Pferdes band der Ratgeber mit einem starken Strick den riesenhaften Ast eines Fliederbusches, und mit dieser Last im Schlepptau begann er durch die Straßen der Stadt zu reiten.

Es dauerte nicht lange, und ein Fußgänger blickte auf und rief: «Mahmed, was tust du denn da?»

11

Der Ratgeber wandte sich zum Buchhalter und sagte: «Buchhalter, dieser Mann ist blind. Fang an mit deinem Bericht».
In der nächsten Straße streckte aus einem vornehmen Haus eine Dame ihren Kopf und fragte: «Junger Mann, was tust du denn da?» und der Ratgeber befahl dem Buchhalter, sie ebenfalls auf die Liste zu setzen.
Gegen Morgen umfaßte die Blindenliste sämtliche Leute der Stadt, und der Ratgeber und der Buchhalter lenkten ihre Pferde in die Gärten des königlichen Palastes – den Fliederwisch noch immer hinter sich herschleifend.
Der König trat in höchsteigener Person hinaus auf den Balkon und blickte auf seinen Ratgeber hinab.
«He, Mahmed», rief er. «Was tust du denn da»?
Der Ratgeber wandte sich rasch zum Buchhalter und sprach: «Buchhalter, nun ist der Bericht vollständig. Denn dieser Hurensohn ist ebenfalls blind.»

3. Wie der Bär sich des törichten Jägers erbarmte, der des Bären Fell verkauft hatte, während es noch den lebendigen Bären umhüllte

Um die drollige Dummheit der Leute darzutun, die in ihrem Ehrgeiz und in ihren Träumen voreilig sind, erzählt mein Onkel Aram unter anderem die Geschichte zweier Araber, eines weisen und eines törichten, die auf die Bärenjagd ins Gebirge gingen. «Ich habe das Fell meines Bären schon verkauft», sagte der Törichte. «Du auch?» «Nein», sagte der Weise. «Das soll meine Sorge erst sein, wenn ich einen Bären erlegt habe. Woher kommt es, daß du so zuversichtlich bist?» «Oh», antwortete der andere, «einfach daher, weil ich ein so meisterhafter Schütze bin, die Verhaltensweise der Bären so gut kenne und in Geschäften so schlau bin.» Sie stiegen weit ins bergige Land hinein und trennten sich voneinander. Ein ungeheurer Bär tauchte hinter einem ungeheuren Geröllblock auf, just vor dem törichten Araber, der sein Gewehr fallen ließ, sich zu Boden warf und sich tot stellte. Der Bär trottete herzu, beschnüffelte den Liegenden von oben bis unten, pißte ihm ins Gesicht und wandelte dann langsam davon. Als der Bär weit weg war, stand der törichte Araber auf und trocknete sich das Gesicht ab. Der andere Araber kam herbeigelaufen und fragte: «Nun, was hat der Bär dir gesagt?» Der Törichte – der jetzt weniger töricht war als zuvor – erwiderte: «Der Bär hat gesagt: Verkaufe fortan mein Fell erst, wenn du es mir vom Leibe gezogen hast.»

4. Die sinnlose, aber von schönem Zorn getragene Bemerkung des Bären seinem Freunde gegenüber zum Thema: Heuchelei

Als Verweis für doppelzüngige Leute, die einem Manne ins Gesicht wohlreden und ihn bei anderen Menschen verleumden, erzählt er außerdem die Geschichte des Bären und des Mannes, die befreundet waren und eines Wintertags miteinander spazierengingen. Der Mann blieb stehen und blies in seine Hände, und der Bär fragte: «Mein Freund, warum bläst du auf deine Hände?»
«Damit sie warm werden», sagte der Mann.
Nach ihrem Ausflug gingen sie zum Abendessen in das Haus des Mannes, und als die Suppe aufgetischt worden war, blies der Mann auf die Suppe.
Und der Bär fragte: «Mein Freund, warum bläst du auf die Suppe?»
«Damit sie abkühlt», sagte der Mann. Der Bär [ganz ähnlich einem zornigen Mann vom Temperament meines Onkels] brüllte hierauf: «Geschmäht sei der Atem, der sowohl warm wie kalt bläst.»

5. Wie der Schildkröte hochtrabende Bemerkung die letzten Augenblicke des von einer Kugel schwer getroffenen, doch noch immer stolzen und einsamen Löwen verdarb; und wie die Fliege im Ohr des Elefanten vermöge ihrer Einbildungskraft so zunahm, daß sie das doppelte Gewicht des Elefanten erlangte

Um kleinen Leuten mit fälschlichem Anspruch auf Größe ihre wirklichen Maße vor Augen zu führen, erzählt er die Geschichte des Löwen, der von der Kugel eines Jägers verwundet lag, vor Schmerz brüllte und dem Tode nahe war. Kam die kleine langsame Schildkröte zum Löwen und fragte: «Woran leidest du?» «Mich hat ein Jäger gefällt», antwortete der Löwe.
Die Schildkröte wurde zornig und rief: «Zerbrechen sollten die Waffen der Menschen, die solch prächtigen Geschöpfen des Alls wie uns Kränkung zufügen!»
«Schwester Schildkröte», sprach der Löwe, «laß dir sagen, daß mich des Jägers Kränkung weniger schmerzt als das, was du soeben geredet hast.» Und darauf starb der Löwe.
Desgleichen erzählt mein verehrter Onkel die Geschichte von der Fliege, die in des Elefanten Ohr saß, als dieser über eine Brücke schritt. «Mein Freund», sagte die Fliege, «wenn Kolosse gleich uns eine Brücke überqueren, erbebt sie ob unserer Gewaltigkeit.»

6. Wie der ein wenig weichherzige Mann beinahe Weib und Esel verlor und beide bestimmt verloren hätte, wäre nicht die Gnade Gottes in einem ungenannten Richter wirksam gewesen – möge des Herrn Weisheit den Lebenden abermals zuteil werden, auf daß alle Elenden unter ihrem Schutze vor den Anfällen der Großmut bewahrt bleiben

Ein Mann und seine Frau ritten auf ihrem Esel mitsammen nach Bitlis. Während das Tier sie über den Bergpfad trug, tauchte ein blinder Mann vor ihnen auf, der sich seinen Weg ertastete.
«Gott hat dir zwei Augen gegeben», sagte der Mann zu seinem Weib, «steig ab, gehe du und laß den Blinden reiten».
Entgegnete die Frau: «Die Blinden sind Schmarotzer. Machen wir, daß wir vorbeikommen.»
Aber den Mann dauerte der Blinde, und er wollte ihn aufsitzen lassen. «Schau», sagte er. «Er stößt die Füße wund. Steig ab und laß ihn reiten.»
Die Frau stieg also ab, und der Blinde stieg auf und setzte sich neben den Mann. Die Frau ging zu Fuß; die Männer ritten; und alle drei kamen sie endlich zur Stadt.
«Wir sind in Bitlis», sprach der Mann zum Blinden, «und müssen dich jetzt verlassen. Steig ab.»
«Steig ab?» wiederholte der Blinde. «Ja was, bloß weil du mir meinen Esel über die Hügel gelenkt hast, willst du ihn mir stehlen?»

16

Die Frau sah, welches Ungemach im Anzug war, und seufzte.
«Weh, mein törichter Mann», sagte sie.
«Bitte steig ab», sprach der Mann. «Ich habe mich deiner erbarmt und dich auf meinem Esel zur Stadt mitgenommen. Jetzt aber geh deines Weges.»
Der Blinde begann laut zu schreien. Eine Menge Volks versammelte sich, und der Blinde sprach zu dem Volke. Der Mann merkte, daß die Gunst der Leute sich dem Blinden zuneigte, und sagte zu seinem Weib: «Du hattest recht; ich beging einen Fehler. Mag er den Esel behalten, damit wir fortkönnen.»
«Ja», sagte die Frau. «Gehen wir.»
Da rief der Blinde: «Erst willst du mir meinen Esel stehlen; jetzt willst du mich meines Weibes berauben. Mein Weib hat einen heilen Mann gesehen und ist des Blinden überdrüssig.»
Die Frau stöhnte vor Entsetzen. Dem Mann verschlug es die Rede.
Das Volk glaubte dem Blinden: Er war doch blind; man bemitleidete ihn, weil er nicht zu sehen vermochte.
Die Frau fing an zu weinen. Der Mann weigerte sich, ohne sein Weib weiterzuziehen.
Sie gingen vor Gericht, und der Blinde legte dar, wie er mit seinem Weib auf dem Esel nach Bitlis gereist, der Esel störrisch geworden wäre und nicht von der Stelle gewollt hätte, wie dieser andere Mann aufgetaucht wäre, den Esel angetrieben hätte und mit ihnen in die Stadt gezogen wäre, wo er zunächst den Esel und dann die Frau zu stehlen versucht hätte.
Darauf schilderte der Mann die Wahrheit, redete bitter und verwünschte sein weiches Herz.

18

Dann erzählte die Frau die Wahrheit und weinte.
Der Richter erkannte, daß niemand aus der Art ihrer Darstellung zu entnehmen vermöchte, wer von ihnen log. Er sagte deshalb: «Führt jeden der Kläger in einen besonderen Raum. Laßt sie bewachen und meldet mir morgen früh, was ihr in Erfahrung gebracht habt.»
Dies ward ausgeführt.
Als der Blinde sich allein glaubte, schnitt er ein vergnügtes Gesicht. Dann gähnte er und streckte die Glieder. Und dann fing er an zu tanzen. Er sprach zu sich selbst: «Den Esel hab' ich schon erschnattert; hab' ich erst noch die Frau ergattert, die Frau von jenem Dummerjan, so bin ich ein gemachter Mann.»
Der Mann verfluchte sich ein übers andere Mal, weil er so töricht gewesen war, einem Blinden helfen zu wollen.
Die Frau weinte.
Des Morgens wurde diese Auskunft dem Richter mitgeteilt. Er ließ den Blinden ins Gefängnis werfen. Der Mann und die Frau ritten auf ihrem Esel davon.

7. Was geschieht, wenn man gewisse Leute zufriedenzustellen versucht

In einem Haushalt lebte ein blinder Mann, dem die anderen das Beste von allen Dingen gaben, von Nahrung, Kleidung das Beste, das beste Bett, die besten Decken und so fort. Dennoch war er unzufrieden und jammerte Tag und Nacht, daß man ihn schlecht behandle. Die anderen tranken Wasser und gaben dem blinden Mann Milch: sie hatten für sich eine Schale Reis und gaben ihm drei Schalen; sie hatten für sich ein halbes Pfund Brot und gaben ihm drei Pfund, und immer noch beklagte er sich. In der Wut der Verzweiflung schlachteten sie zuletzt ein Lamm, brieten es, legten es auf eine Schüssel und stellten es vor den Blinden hin. Er roch daran, betastete es, um herauszufinden, wie groß es war, und fing an zu essen. Doch ehe er den ersten Bissen schluckte, fragte er: «Wenn das mein Anteil ist, wieviel kommt dann auf euch?»

8. Auf welches Hindernis der Gauner aus Odessa stieß, als er das geweckte Bübchen aus Bitlis beschwindeln wollte

Ein unredlicher Mensch zog von Odessa nach Bitlis, da er in Odessa zu übel bekannt war. In Bitlis begegnete er einem achtjährigen Bübchen, das einen Ring mit einem Edelstein von unschätzbarem Wert am Finger trug.
«Mein Kind», sagte er zu dem Kleinen, «wenn du mir dieses Spielzeug gibst, das du am Finger trägst, will ich dir drei Goldstücke schenken; dann kannst du dir wohl hundert solche Ringlein kaufen.»
«Wenn du dich bückst, auf allen vieren über diese ganze Straße gehst und dabei wie ein Esel schreist, werd' ich's tun», antwortete der Knabe.
Der unredliche Mann war in der neuen Stadt unbekannt; er ließ sich daher auf seine Hände und Knie nieder, begann über die Straße zu kriechen und schrie wie ein Esel. Zuletzt stand er wieder auf und sagte: «So, mein Kind, und jetzt gib mir den Ring.»
«Scher dich weg und geh dorthin, wo du hergekommen bist», erwiderte das Bübchen. «Glaubst du denn, du mit deinem Eselsverstand kenntest den Wert des Ringes und ich mit meinem Menschenverstand, ich kennte ihn nicht?»

9. Wie der Schwindler jenen König zum besten hielt, welcher vermeinte, er sei zu klug, um von irgendeinem Menschen, geschweige denn einem gewöhnlichen Marktschreier genarrt zu werden

Eines Königs Ratgeber trat vor seinen Herrn und meldete: «In der Stadt hält sich ein Zungenfertiger auf, der einhergeht und ehrliche Männer dazu bringt, ihm für nichts und wider nichts Geld zu geben.»
«Wie das?» sprach der König.
«Er hat eine eigene Art, die Blicke auf sich zu zwingen», sagte der Ratgeber, «er redet schnell auf dich ein, und ehe du dir über dein Tun klar bist, hast du ihm dein Geld gegeben, und er ist verschwunden. Noch dazu nimmt er nur das Geld der Klügsten und Verständigsten.»
«Ich glaube dir nicht», sprach der König.
«Es ist dennoch die reine Wahrheit», sagte der Ratgeber.
«Geh, hole ihn», befahl der König. «Ich würde doch gerne erleben, daß er mich zum besten hält. Mißlingt es ihm, so verlierst du deinen Kopf.»
Der Ratgeber ging zum Schwindler und sagte: «Der König fordert dich auf, ihn zu narren, und ich rate dir, dich gut dabei anzustellen.»
«Ich den König narren?» wiederholte der Schwindler. «Da sei Gott davor.»
«Wenn du es nicht tust», sagte der Ratgeber, «verliere ich mei-

nen Kopf, und du verlierst den deinen dazu. Komm eilends mit, und vergiß nicht, dir alle Mühe zu geben.»
«Sehr wohl», antwortete der Schwindler.
Der Ratgeber führte den Schwindler zum König.
«Ich höre», sprach der König, «daß du der Männer Weiseste narrst, indem du sie um Geld prellst. Ich halte mir etwas auf meine Weisheit zugute; wohlan, habe *mich* zum besten.»
»O König der Lebenden», erwiderte der Schwindler. «Ich bin untröstlich, aber das kann unmöglich geschehen. Denn ich habe alle meine Gerätschaften verpfändet, und ohne mein Werkzeug vermag ich niemand zu narren, nicht einmal den leichtgläubigsten Bauerntölpel. Ich stehe in deiner Gewalt.»
«Geh, hole dein Gerät», sprach der König.
«Ich habe kein Geld», entgegnete der Schwindler.
«Wieviel hast du dir auf dein Werkzeug geliehen?» fragte der König.
«Zweihundert Goldstücke», sagte der Schwindler.
«Ratgeber, gib dem jungen Mann zweihundert Goldstücke und laß ihn seine Geräte holen gehen. Alsdann werden wir sehen, ob er mich zu narren vermag», sprach der König.
Der Ratgeber überreichte dem Schwindler die zweihundert Goldstücke. Der Schwindler versprach, in zwei Stunden zurück zu sein, und entfernte sich bescheiden unter vielen Verbeugungen. Der König setzte sich auf seinem Thron bequem zurecht, um zu warten. Auf des Ratgebers Gesicht malte sich ein schwaches Lächeln.
«Worüber lächelst du?» fragte der König.

«So du auf seine Rückkunft warten willst», antwortete der Ratgeber, «wirst du deine Kinder und Kindeskinder abwarten müssen. Du bist genarrt, o weiser König der Lebenden. Des Schwindlers Zunge ist sein ganzes Gerät.»

10. Was der armenische Fleischer dem armenischen Barbier in Gegenwart des Königs und des königlichen Spähers, ohne zu sprechen, sagte

Ein Späher trat vor seinen König und sagte: «Wir können von den Armeniern nichts erfahren; denn sie vermögen untereinander zu reden, ohne den Mund zu öffnen.»
«Was soll das heißen?» fragte der König.
«Wenn sie vernehmlich sprechen, können wir einiges Wenige und Unwichtige über sie in Erfahrung bringen», sagte der Späher, «aber wenn sie miteinander reden, ohne ein einziges Wort zu äußern, erfahren wir nicht das Geringste. Sie verständigen sich mittels eines Blickes. Alsdann sind wir hilflos. Und selbst wenn sie laut sprechen, ist das, was wir hören, gewöhnlich nicht richtig. Denn die Blicke, die sie einander zuwerfen, verändern den Sinn dessen, was sie gesagt haben.»
«Deine Behauptung mag auf eine Ausnahme oder deren zwei im ganzen Volk zutreffen», entgegnete der König. «Ihretwegen hättest du mich nicht zu stören brauchen.»
«Ich rede nicht von Ausnahmen, sondern von ihnen allen», sagte der Späher. «Alle sprechen sie die stumme Sprache.»
«Nun gut», meinte der König. «Wir wollen uns selbst ein Urteil bilden. Hole zwei der Geringsten des Volkes. Einen Barbier etwa und einen Fleischer.»
Der Späher ging zu Isro, dem Barbier, und sagte: «Der König wünscht dich zu sehen.»

26

Dachte der Barbier: «Warum sollte der König *mich*, einen simplen Barbier, sehen wollen?»
Er folgte dem Späher zum König.
Der König betrachtete forschend den Barbier. «Spricht er?» fragte er neugierig. Der Barbier hatte nichts gesagt. Der König wartete auf die Ankunft des Fleischers.
Nach kurzem kam der Späher mit Boghos, dem Fleischer, der sich auch überlegt hatte, weshalb der König *ihn*, einen Fleischer, zu sehen wünschte. Als der Fleischer den Barbier gewahrte, erkannte er, daß der andere ein Armenier war. Während er sich dem König näherte, warf er dem Barbier einen schnellen Blick zu. Der Barbier gab den schnellen Blick schnell zurück.
«Nun sie also hier sind», sprach der König, «laß sie reden, ohne den Mund zu öffnen.»
«Dies ist bereits geschehen», sagte der Späher.
«Was haben sie denn gesagt?» fragte der König.
«Das ist schwer festzustellen», antwortete der Späher. «Gewiß haben sie alles mögliche gesagt. Soweit ich sehen konnte, möchte ich vermuten, daß der Fleischer sagte: ‚Landsmann, was geht hier vor?' Und daß der Barbier sagte: ‚Ich weiß es nicht genau, Landsmann, aber mir scheint, die beiden Esel da glauben, sie könnten uns zum Reden bringen.»

11. Wie der Teufel vom jungen Burschen aus Bitlis, der nie eine Schule besucht hatte, dreimal gedemütigt wurde

Der Teufel erfuhr eines Tages, daß die Eingeborenen von Bitlis die klügsten Leute der Welt seien, und beschloß, die Stadt zu besuchen und die Bürger zum Narren zu halten. Die Reise dorthin machte ihn überaus müde, und so war er froh, als ein junger, munter ausschreitender Bursch ihn einholte.
«Mein Freund«, fragte der Teufel, »wohin des Weges? »
«Ich gehe nach Bitlis », sagte der andere.
«Auch ich gehe nach Bitlis », sprach der Teufel. «Laß uns für den Rest der Reise Weggefährten sein.»
«Mit dem größten Vergnügen », sagte der andere.
«Wie weit ist es noch? » fragte der Teufel.
«Zehn Meilen », sagte der junge Mann.
«Seit wann bist du unterwegs? » fragte der Teufel.
«Seit einer Nacht und zwei Tagen », sagte der junge Mann.
Der Teufel war nur während eines Teiles des Tages gegangen und fühlte sich erschöpft. Es schien recht sonderbar, daß der Junge nach so langer Fußwanderung noch so frisch war. [In Wahrheit war der Bursche erst seit zwei Stunden auf den Beinen.]
«Besuchst du zum erstenmal die Stadt Bitlis? » fragte der Teufel.
«Zum erstenmal besuchte ich die Stadt Bitlis anläßlich meiner Geburt », antwortete der junge Mann.
«Aha », sprach der Teufel bei sich, «der ist einer von den Schlauen. Ich will ihn zum Narren halten.»

28

Laut sagte er: «Laß uns, da wir doch das gleiche Ziel haben, einen Handel abschließen, auf daß keiner von uns beiden sich überanstrenge. Du hast einen langen Weg hinter dir und ich ebenfalls. Du wirst mich auf deinen Rücken nehmen und tragen, während ich Atem schöpfe und mich ausruhe; darauf werde ich hinuntersteigen und dich eine Strecke Weges auf meinen Rücken nehmen, während du Atem schöpfest und dich ausruhst.»
«Gut», sagte der eingeborene Bitliser. «Wie aber wollen wir eine gerechte Verfahrensweise bestimmen, damit keiner von uns den andern übervorteile?»
«Nichts leichter als das», sprach der Teufel. «Ein jeder soll so lange reiten dürfen, bis er ein Lied zu Ende gesungen hat.»
«Das ist eine anständige Lösung», sagte der andere. «Willst du zuerst reiten?»
«Herzlichen Dank», sprach der Teufel. Er setzte sich dem Jungen auf den Rücken und begann zu singen. Er sang das ‚Licht des Morgens‘, das Lied über das armenische Alphabet, das so viele Strophen wie dieses Alphabet Buchstaben hat, achtunddreißig an der Zahl. Langsam gesungen – und der Teufel sang langsam – , ist das Lied erst nach ungefähr einer halben Stunde zu Ende. Die Rast hatte den Teufel merklich erfrischt, und er war mit dem Pakt, den er geschlossen hatte, recht zufrieden. Er stieg hinunter, und der Bursche aus Bitlis kletterte auf des Teufels Rücken und fing an zu singen.
Einen armenischen Kirchengesang fing er zu singen an, der so lange dauert, wie es dem Sänger beliebt: «Dai ni, nai ni, nai ni, nai ni, ni; don ni, non ni, no.» Und so fort. Falls nötig, kann das Lied bis zum Anbruch der Ewigkeit fortdauern.

«Wie nennt sich dieses Lied?» fragte der Teufel.
«Es ist ein einfaches Lied eines einfachen Volkes», antwortete der junge Bitliser.
«Wieviel Strophen hat es?» fragte der Teufel.
«Eine Million und eine», sagte der Junge.
«Gewiß hat es einen Anfang und ein Ende», meinte der Teufel.
«Nicht mehr als die Welt oder der allmächtige Gott», sagte der junge Bursche und fuhr fort zu singen: «Dai ni, nai ni, nai ni, ni; don ni, non ni, non ni, no.»
Der Teufel trug den jungen Mann den ganzen Weg über die Hügel und zur Stadt hinein.
Er war schändlich geprellt worden und wollte den Preller seinerseits prellen – aus Rache!
«Mein Freund», fragte er, «welche Erwerbstätigkeit übst du aus?»
«Ich bin ein Landmann», erwiderte der Jüngling.
«Laß uns Partner sein», sprach der Teufel.
«Gern», sagte der junge Mann.
Sie bepflanzten ein Feld mit Zwiebeln, und der Tag der Ernte kam.
«Was willst du haben?» fragte der Teufel. «Das über der Erde oder das unter der Erde.?»
«Mir soll beides recht sein», sagte der junge Bursche.
«Nein», beharrte der Teufel, «triff deine Wahl.»
«Nun gut», sagte der junge Mann, «so will ich das über der Erde nehmen.»
Der Teufel war einmal genarrt worden; er hatte nicht die Absicht, sich ein zweites Mal narren zu lassen.

30

«Ach, bitte sehr», sprach er, «ich möchte die obere Hälfte nehmen; nimm du die untere.»
Der Teufel schnitt das Kraut der Zwiebeln ab und versuchte es zu verkaufen. Der Junge grub die schmackhaften Zwiebeln aus und verkaufte sie allesamt.
Jetzt war der Teufel zwiefach geprellt. Zwiefach war er gedemütigt und begieriger denn je, den Burschen aus Bitlis zu hintergehen.
«Laß uns wiederum Partner sein», sprach er.
«Gern», sagte der andere.
«Was sollen wir diesmal anbauen?» fragte der Teufel.
«Weizen?»
Sie säten also Weizen. Der Tag der Ernte kam, und der Teufel fragte: «Was willst du diesmal haben, die obere Hälfte oder die untere?»
«Ich?» sagte der Bitliser. «Ich nehme wieder die untere Hälfte.»
«Nein», entschied der Teufel. «Diesmal erhältst du die obere und läßt *mich* die untere nehmen.»
So ward der Teufel abermals geprellt. Gegen Abend schlüpfte er still aus der Stadt, und er hat sie bis auf den heutigen Tag nicht wieder betreten, es sei denn inkognito und nur zum Vergnügen: um sich aus sicherer Entfernung der bewundernden Betrachtung der Einheimischen hinzugeben.

12. Von den Lügen, die der Kahlköpfige und der Triefnasige während eines kleinen Wettkampfes dem Krummbeinigen erzählten, und was dieser zur Antwort gab

Eben diese drei befanden sich eines Tages beisammen: Der kahle Mann kratzte seine Glatze; der Mann mit der Triefnase wischte fort, was herausfloß, und der Mann mit dem krummen Bein reckte und streckte das Bein beständig; ein jeder, um sein Unbehagen zu mildern.
Der Kahlkopf sagte: »Wir wollen einmal sehen, wer von uns fähig ist, sein Unbehagen am längsten zu vergessen.«
Der Wettbewerb ward einmütig beschlossen.
Fliegen ließen sich auf des Kahlen Kopf nieder und begannen an den entzündeten Stellen zu saugen. Der Reiz wuchs ins Unerträgliche, und der kahle Mann sagte deshalb: «Teure Freunde, als ich ein Knabe war, reiste mein Vater nach Konstantinopel und brachte mir bei seiner Rückkehr einen Fez mit. Es war ein außergewöhnlicher Fez. Ich setzte ihn mir mitten auf den Kopf – so beispielsweise – , und er fiel hinunter. Ich setzte ihn übers linke Ohr – so nämlich – , und er fiel wieder hinab. Ich zog ihn über das rechte Ohr; er fiel hinab. Dann setzte ich ihn mir auf den Hinterkopf, dann in die Stirn; aber wie ich es auch anstellen mochte; er fiel wieder hinunter.»
Indes der Kahlköpfige die Tücken des Fezes erklärte, verscheuchte er die Fliegen, kratzte sich den Kopf von vorn bis hinten und milderte sein Unbehagen.

32

Die anderen begriffen die Klugheit seines Vorgehens. «Wie seltsam», beeilte sich der Triefnasige zu sagen, «wie sonderbar, daß mein Vater, als ich ein Knabe war, ausgerechnet auch nach Konstantinopel reiste. Er brachte ein sehr schönes Gewehr deutscher Fabrikation mit, und meine Nase diente ihm als Zielscheibe. Ein Geschoß traf hierhin, das nächste dahin, das folgende dorthin und so weiter und so fort, bis das Magazin leer war.»
Auf diese Weise milderte der Mann mit der Tröpfelnase sein Unbehagen.
Der Krummbeinige litt unterdessen große Schmerzen und fragte sich, welches Ding sein Vater aus Konstantinopel mit zurückgebracht haben könnte, *seine* Pein zu lindern. Je länger er nachdachte, desto gewisser schien es ihm, daß nichts aus Konstantinopel oder von sonstwoher, aus seiner Knabenzeit oder sonst einer Zeit es ihm ermöglichen würde, sein krummes Bein zu heben und mit dem Fuß in die Luft zu treten.
Er hob sein krummes Bein, trat mit dem Fuß in die Luft und sagte: «Falls das, was ihr erzählt habt, wahr ist, soll dieses krumme Bein eure Väter von nun an bis in Ewigkeit quer durch die ganze Hölle so in den Hintern treten.»

34

13. Wie der König, der glauben wollte, daß die Blinden seines Reiches anständige Leute seien, seine goldene Scheidemünze von einem blinden Dieb zurückerhielt, der heiligenhaft aussah, gleichwohl aber menschlich handelte

Einem König wurde berichtet, daß die Blinden in seinem Reiche raffgierig und hinterlistig seien.
«Wie wäre dies möglich?» entgegnete er. «Sie können nichts sehen; wie vermöchten sie da raffgierig und hinterlistig zu sein?»
Man riet ihm, zu den Blinden zu gehen und sich selbst ein Urteil zu bilden.
Er suchte also die Stätte der Blinden auf und stellte sich zu ihnen. Als er einen entdeckt hatte, dessen Antlitz ihn fromm dünkte, sprach er ihn an und sagte: «Ein gutherziger Mann kam vorhin über diese Straße und gab mir eine Goldmünze.»
Sagte der blinde Mann: «Noch nie hat meine Hand eine goldene Münze berührt. Bitte laß mich das Goldstück einmal halten.»
«Es ist wie alle anderen Münzen», erwiderte der König, «nur größer und schwerer.»
«Noch nie habe ich eine Goldmünze angefaßt», wiederholte der Blinde. «Das ist etwas, das ich vor meinem Tode noch tun möchte. Bitte laß mich die Münze einen Augenblick lang halten. Ich werde sie dir gleich wieder zurückgeben.»
Der König reichte dem Blinden die Münze. Der blinde Mann machte sich still davon und versteckte sich hinter einem Felsblock.

«Wo bist du, Freund?» rief der König. «Bitte gib mir mein Goldstück wieder.»
Es erfolgte keine Antwort.
Der König rief nochmals, doch wiederum folgte keine Antwort.
Da trat der König nahe zum Versteck des Blinden, hob einen Stein auf und sprach: «Allmächtiger Gott, laß diesen Stein den Weg zum Kopfe des raffgierigen, hinterlistigen blinden Mannes finden, der meine goldene Scheidemünze gestohlen hat.» Damit warf er den Stein dem Blinden an den Kopf. «Das war reiner Zufall», tröstete sich der Blinde, «zufälliges Pech für mich, weiter nichts.»
Der König nahm einen zweiten Stein auf und sprach: «Allmächtiger Gott, laß diesen Stein den Weg zum Knöchel des blinden Diebes finden.» Damit warf er den Stein dem Blinden auf den Fuß.
Sagte der blinde Mann bei sich: «Sein Glück ist außergewöhnlich.»
Der König las einen dritten Stein auf und sprach: «Allmächtiger Gott, laß diesen Stein die Augen des blinden Diebes finden.»
Da sprang der Dieb auf die Füße und zeterte: «Laß du den allmächtigen Gott aus dem Spiel. Hier ist dein lausiges Goldstück. Du kannst sehen; und bei einer so ungerechten Sache mache ich nicht mit.»

14. Was dem Kaninchen widerfuhr, das den brüllenden Löwen nachahmte

Ein Löwe erwachte eines Nachmittages aus dem Schlaf und stimmte ein Donnergebrüll an, so daß meilenweit ringsum die schlummernden Tiere auffuhren. Auch ein Kaninchen wachte auf und sah, wie alle anderen Tiere davonliefen und sich verbargen. Da sprach das Kaninchen: «Warum sollte einzig der Löwe derart brüllen und jedermann Beine machen? Warum sollte nicht auch ich brüllen und die anderen vertreiben?» Damit fing das Kaninchen zu brüllen an und brüllte aus Leibeskräften. Sein Gebrüll war ein schwaches Gequieke, das ein hungriger Fuchs vernahm. Der Fuchs kam herbei, hieb das Kaninchen mit den Pfoten auf den Kopf, bis es tot war, und sagte: «Du bist ein Kaninchen und kein Löwe; sei deines Ranges in Zukunft eingedenk.»

15. Wie die mohammedanischen Fasten amtlich beendet wurden, weil ein menschenfreundliches Schicksal in der Absicht, ein kleines Gelächter durch die Zeiten zu senden, dann und wann einmal ein paar Taube zusammenwirft

Der Ramadan ist die mohammedanische Fastenzeit. Er dauert ungefähr dreißig Tage, bis zum Anbruch des Bayrams, der Zeit des Feierns, in der man sich wieder satt ißt. Der Ramadan ist zu Ende, sobald drei Gläubige, welche die Spitze eines Hügels erstiegen und den jungen Mond gesichtet haben, zur Stadt zurückkehren, die Hände erheben und schwören, daß sie das Gestirn gesehen haben. Dann werden die Kanonen abgefeuert, und es ist Bayram.
Vor siebzig oder achtzig Jahren, am dritten Tage des Ramadans, fand ein tauber Dorfbewohner auf einer Straße, durch die eine halbe Stunde zuvor ein tauber Hirt mit seiner Herde gezogen war, zwei Schafe. Das eine Schaf lahmte auf dem rechten Vorderfuß. Der Dorfbewohner sagte sich: «Ich bin für meine Ehrlichkeit bekannt; ich will dem Hirten seine beiden verlorenen Schafe zurückbringen.»
Er trieb die Schafe vor sich hin zum Dorf hinaus, ins Hügelland, dem Hirten zu.
Ein tauber Mann zankte sich mit seiner Frau und verließ in höchster Wut sein Haus, laut schreiend, daß er nie mehr, so lange er lebe, wiederkommen werde. Daß sie mit ihrem fortwährenden Nörgeln zur Hölle fahren möchte. Daß alles eine Grenze habe.

Dann machte er sich auf und wanderte hügelwärts.
Der taube Dorfbewohner, der die beiden Schafe gefunden hatte, erreichte indes den tauben Schäfer und sprach: «Mein Bruder, der Ruf meiner Ehrlichkeit ertönt weit und breit durchs Land. Mein Name ist Osman. Hier deine Schafe.»
Erwiderte der taube Schäfer: «Sohn des Himmels, behalte dieses Schaf mit den krummen Beinen für dich.»
«Was soll das heißen?» entrüstete sich der Dorfbewohner. «Ich bin so freundlich, dir deine verlorenen Schafe wiederzubringen, und jetzt behauptest du, ich hätte der Kreatur das Bein gebrochen. Mann, wie kommst du mir vor!»
«Bitte gefälligst», entgegnete der Schäfer. «Es war sehr gütig von dir, die Schafe wiederzubringen; warum aber bestehst du darauf, das heile Schaf statt des verkrüppelten zu erhalten? Du wirst es doch nur schlachten und essen. Was also hast du gegen sein gebrochenes Bein einzuwenden?»
Der Schäfer und der Dorfbewohner sahen den erbosten Ehemann über die Hügel stolpern und riefen ihn an, auf daß er ihre Meinungsverschiedenheit schlichten helfe.
«Aha», sagte sich der Ehemann. «Die wissen von meinem Streit und wollen, daß ich zu meiner Frau zurückgehe. Ja was, die sollen sich um ihre eigenen Angelegenheiten kümmern. Was sie auch reden, ich bleibe fest.»
Er stieß zu den beiden anderen. Der Dorfbewohner sagte: «Mein Name ist Osman. Seit sieben Generationen ist meine Familie wegen ihrer Ehrlichkeit in aller Munde. Ich habe die beiden verlorenen Schafe dieses Mannes im Dorf entdeckt und sie über drei Meilen Weges hierher getrieben. Ich habe sie ihm zurückerstat-

tet, und jetzt behauptet er, ich hätte einem der Schafe das Bein gebrochen. Dabei», schrie er zutiefst empört, «war das Schaf von Anfang an lahm.»

«Bitte höre mich an, mein Freund», sprach der Hirte zum Ehemann. «Ich verlange nichts weiter, als daß er das lahme Schaf statt des gesunden nehmen möge. Ich bin ihm für seine Güte, die beiden Schafe zurückgebracht zu haben, von Herzen dankbar. Ich zeige mich ihm ja auch erkenntlich; weshalb sollte er ein gesundes Schaf fordern dürfen? Urteile selbst. Habe ich recht oder nicht?»

«Sagt, was ihr wollt», entgegnete der taube Ehemann. «Ich habe zum letzten Mal mit ihr gestritten. Ich bin fertig mit ihr. Keine Macht des Himmels oder der Hölle wird mich in das Haus zurückbringen. Und wenn ihr bis zum jüngsten Tag redet, bei mir verschlägt's nicht.»

Die Auseinandersetzung erstreckte sich über eine halbe Stunde; jeder der Männer bestand auf seinem Recht.

Sie gingen von den Hügeln hinab ins Dorf, zum Hofe des tauben Richters. Einer nach dem anderen erhoben der Dorfbewohner, der Schäfer und der erboste Ehemann die Hände und trugen ihre Geschichte vor. Der taube Richter hörte sie bis zu Ende an und verkündete sodann feierlich: «Die drei Gläubigen haben geschworen, daß sie den jungen Mond gesehen haben. Befehlt den Bewohnern des Dorfes, die Kanonen sprechen zu lassen. Der Ramadan ist vorüber. Der Bayram beginnt.»

42

16. Wie die unredlichen Händler einander überlisteten, zuletzt aber nichtsdestoweniger sterben mußten und durch ihren Tod kleinen Kindern Anlaß gaben, Gott für Blumen zu danken

Zwei Schwindler kamen überein, miteinander einen Handel abzuschließen. Ehrliche Leute wußten, was sie von den beiden zu halten hatten, und scheuten sich, mit ihnen zu reden, geschweige mit ihnen in Beziehung zu treten. Die Gegenstände des Handels waren unbedeutend; so konnten sie sich einige Läßigkeiten gestatten.

Der eine hatte Tabak, der andere ein Pferd. Sie handelten.

«Was den Tabak anbetrifft», sprach der eine zum anderen, «so sage ich dir besser gleich, daß er alt und schimmelig ist und – soviel ich weiß – möglicherweise obendrein giftig. Wenn du ihn unbedingt rauchen willst, schluck wenigstens den Rauch nicht. Das würde dir ohnehin nicht leicht gelingen, da der Tabak naß ist. Wenn er brennen soll, mußt du ständig eine Flamme daran halten.»

«Schon gut», antwortete der andere. «Was nun das Pferd anbelangt, so versuche keinesfalls, es zu reiten. Es ist bösartig. Außerdem ist es blind und schwachsinnig. Führt der Weg bergab, so pack es beim Schwanz, damit es nicht fällt und hinabkollert. Führt der Weg bergauf, so nimm die Zügel in die Hand und ziehe es. Halte sie fest und knapp, sonst fällt es auf den Hintern.»

In Anbetracht dieser Ermahnungen schien der Handel ehrlich

und daher unnötig. Der Wert der Waren hielt sich die Waage. Das ganze Geschäft schien eigentlich recht sinnwidrig.
Der Mann, der den Tabak eingehandelt hatte, kam jedoch zu dem Schluß, daß die Angaben des anderen nichts als Übertreibungen gewesen seien, und nahm sich vor, jenen zu verblüffen und spüren zu lassen, daß er geprellt worden war. Er drehte sich eine Zigarette und fing an zu rauchen: Der Tabak war naß, war alt und war schimmelig. Immerhin war es Tabak, und so schluckte er den Rauch, mit dem Erfolg, daß er sich für den Rest des Abends tödlich krank und eine Woche lang sehr schwach fühlte.
Der neue Eigentümer des Pferdes, der ähnliche Überlegungen anstellte, sprang aufs Pferd und fand sich sehr bald flach auf dem Rücken liegen. Er glaubte zunächst, die Knochen gebrochen zu haben, doch hatte er sie nur verrenkt. Mit großer Mühe stand er auf und reiste zu Fuß nach Hause, wobei er das Pferd am Schwanz faßte, sobald es abwärts ging, bergauf aber am Zügel führte. Auch beschloß er, das Tier zu verkaufen.
Der Handel war in der Tat ehrlich gewesen. Weder der eine noch der andere hatte den geringsten Vorteil daraus gezogen.
Wochenlang hockten die Schwindler allein in ihren Häusern, quälten sich und brüteten trübe Gedanken aus. Schließlich erhoben sie sich beinahe gleichzeitig und sprachen: «Heygidi, ich bin ein alter Mann. Heygidi, bald muß ich sterben. Heygidi, von nun an muß ich ehrlich sein. Heygidi, beim letzten Tauschgeschäft kann ich nicht betrügen. Ich tausche den Tod ein, und der Tod tauscht mich ein. Ich erhalte nichts, und der Tod erhält nichts dabei. Heygidi, betrügend wurde ich betrogen. Heygidi, könnte ich nur noch einmal zu leben beginnen.»

44

Der Tod nahm die beiden Leiber der Schwindler und legte sie tief in unfruchtbare Erde. Im Frühling darauf loderte die Erde vor Blüten.
«Heygidi», sprach der Tod, «selbst der Leichnam eines Diebes ist der hungrigen Erde Nahrung und Farbe den gierigen Blumen.»
Kinder kamen und pflückten die Blumen. «Heygidi», riefen sie fröhlich, «dieses Jahr hat Gott uns Blumen beschert.»
So war, in einem noch tieferen Sinn, der Handel gut und ehrlich gewesen und niemand betrogen.

17. Wie es den Klugschnakern erging, die jenen Hausvater verspotteten, dessen Gottvertrauen so groß war, daß er auch in der Trübsal sagte: «Gepriesen sei Gott; er weiß, was er tut»

Ein schlichter, zufriedener Mann lebte einst in einer Welt, die nicht besser und nicht schlechter war als die unsere, so daß sich natürlich viele unglückliche Vorfälle ereigneten und einige auch ihn, den so Unwichtigen und Geringen trafen. Den einfältigen Mann jedoch bekümmerte kein Geschehnis, wie grausam oder ungerecht es auch sein mochte. In einem Unglück, ob klein oder groß, gedachte er zuerst Gottes und sagte: «Gepriesen sei die Weisheit Gottes. Er weiß, was Er tut.»

Dies sagte er, gleichgültig, was geschah.

Daher wurde er von törichten Menschen für dumm gehalten, obwohl er doch nur schlicht war. In Wirklichkeit war er, in seiner stillen Art, sehr weise.

Jene, die ihn einen Narren hießen, beschlossen eines Tages, sein Gottvertrauen einer eigentlichen Prüfung zu unterziehen. Der Mann hatte einen Esel. Nach seinem Weibe und seinen neun Kindern war der Esel sein wertvollster Besitz. Mit Hilfe des Tieres vermochte er genügend Geld zu verdienen, um seine Familie zu erhalten, den Hunger der Seinigen zu stillen, in einem einfachen Haus sich zur Ruhe zu legen und sich der Güte Gottes zu erfreuen.

Jene führten also seinen Esel ins Hügelland und banden das Tier

an einen Baum. Als der einfältige Mann zurückkehrte, fragte er bescheiden: «Wo ist mein Esel?»
«Diebe waren da, berittene Kurden, und haben ihn gestohlen», lautete die Auskunft.
Der arme Mann sah sein Leben durch dies Ereignis verändert, vielleicht vernichtet. Nichtsdestoweniger sagte er: «Gepriesen sei Gottes Weisheit. Er weiß, was er tut.»
Die andern brachen mit ihren Tieren auf; der fromme Mann ging zu Fuß. Nach einer Stunde holte er die anderen ein. Nun fehlten auch ihnen die Tiere. Elf waren sie, alle elf ohne ihre Esel.
«Was ist geschehen?» fragte der arme Mann.
Jetzt wußten die anderen die Schönheit seines Gottvertrauens zu würdigen; sie berichteten ihm, was sich diesmal wirklich zugetragen hatte:
«Diebe waren da, berittene Kurden, und haben unsere Esel gestohlen», sagten sie.
«Dann müssen wir alle Gottes Weisheit preisen», sprach der arme Mann.
«Ja», sagten die anderen. «Alle müssen wir von dir lernen. Dein Esel ist gerettet, weil du allzeit wahres Gottvertrauen gehabt hast. Geh zu jenem Hügel. Dort ist dein Esel an einem Baum angebunden. *Wir* haben ihn dort angebunden, um dich zu verspotten, und damit haben wir die Macht deines Gottvertrauens bewiesen.»
Der arme Mann ging zum Hügel und fand seinen Esel; er ritt heim und pries Gott.

18. Berichtet von einem der langen und vertraulichen Gebete, die der fromme alte Armenier aus Fresno vor ungefähr zwanzig Jahren jeden Mittwochabend in der ersten armenischen Presbyterianerkirche zu sprechen pflegte

Die Abendandacht in der Stadt Fresno in Kalifornien führte vor zwanzig Jahren stets einen alten Mann in die Erste Armenische Presbyterianerkirche; dort, Mittwoch abends jeweils, betete der alte Mann, indes alle Anwesenden achtsam lauschten. Der Mann betete mit machtvoller Stimme und großem – beinahe unglaublichem Vertrauen – in seine Gottesnähe. Er machte den Eindruck, ein guter Freund, vielleicht ein Neffe Gottes zu sein. Dies war sehr schön, und es ist schade, daß der Mann inzwischen gestorben ist, und daß kein anderer, nicht einmal ein Prediger, so betet, wie er zu beten pflegte.

«O Gott», sagte er und stand auf, «ich bin wieder in diese kleine Kirche gekommen, um dir alles vorzutragen, alles genau, wie es sich verhält, nicht zu viel einerseits und andrerseits nicht zu wenig. Ich bin noch gesund dank deiner Güte. Habe nicht zu klagen. Auf dem Weg zur Kirche kam mir ein Gedanke: Ich ging gerade an Momprehs Laden in der Santa Clara Avenue vorbei – mit den vielen Fliegen drinnen, auf allem sitzen sie. Was meinst du, glaubst du nicht, ein Mann wie der – seit zweiundzwanzig Jahren lebt er in diesem erleuchteten Lande – könnte eine Fliegenklatsche nehmen und ein paar Fliegen totschlagen? Ich dachte bei mir, o himmlischer Vater, ist es wahr oder nicht,

48

daß alle Dinge, alle Menschen und alles, was lebt, von dir stammen? Auch die Fliegen? Wenn es so ist – und wir glauben, daß es so ist – , scheint's dir dann nicht, ein Mann und selbst der Christ mit dem weichsten Herzen sollte nicht zu weit gehen in seiner Auslegung eines deinen Augen gefälligen Wandels? Er könnte zum Beispiel die Fliegen töten, und es würde niemand zum Schaden gereichen. Ihm würde es allerdings etwas Mühe machen; aber daraufhin könnte ein Mensch in den Laden treten, um Zucker für zehn Cent zu kaufen, ohne von allen Seiten von den Fliegen angefallen zu werden. O Gott, wir sind allesamt unwissende, verlorene Seelen, und lenkte uns nicht deine Weisheit, so wären wir schon morgen alle tot; aber findest du nicht, daß der Preis für die Trauben ein klein wenig zu niedrig ist? Ich sage ja nicht, daß die Bauern reich werden sollten. Jch meine nur, man kann nicht anders als sich fragen, ob sie nicht genug Geld verdienen sollten mit ihrer Hände Arbeit und dem Schweiße ihrer Stirnen, Tag um Tag, und Monat um Monat, um Brot für sich und die ihren, Schuhe für die Kinder, ein Endchen Tabak und die anderen Lebensnotwendigkeiten zu kaufen. O höchst großmütiger himmlischer Vater, alle Dinge stammen von dir, ich weiß. Heute nachmittag habe ich dies zu meinem Freund Gorgotian gesagt. Wie du weißt, ist er ein Ungläubiger, jedoch ein guter Mann. Er liebt die Musik und ist freigebig mit seinem Tabak; aber er glaubt nicht. Seine Söhne schicken ihm jeden Monat Geld; deshalb hat er immer Tabak, während ich, himmlischer Vater, manchmal keinen mehr habe. Mit Freuden bittet er mich jeweils zu sich auf sechs oder sieben Zigaretten und ein paar Tassen Tee, worauf wir miteinander über die Zukunft reden; aber er ist kein Gläubiger und hat in keine Kirche, keine presbyterianische und keine andere, den Fuß gesetzt, seit fünfzehn Jahren nicht. Ich sprach ihm heute nachmittag davon, o Gott, wie alle Dinge von dir zu uns kommen, und da sagte er etwas, das ich dir ungern wiederhole, wenngleich ich selbstverständlich sicher bin, du weißt es ohnehin. Er sagte: Na schön, Mano, wenn alle Dinge von Gott kommen, so bete um ein halbes Pfund Izmir-Tabak, und wir haben für eine Woche genug zu rauchen. Nun, natürlich, o himmlischer Vater, kannte ich ihn als einen guten Mann. Sonst wäre ich gekränkt gewesen. Ich denke, du kannst im ganzen armenischen Viertel keinen besseren Burschen finden; doch wie ich schon sagte, er glaubt nicht an dich. Da sind gewiß noch andere, und du kennst sie zweifellos, jeden mit Namen, aber sie sind höchstwahrscheinlich nicht so anständig wie er. Doch um über Gorgotian zu sprechen, bin ich nicht hergekommen. Er ist wie ich über siebzig, und in zwanzig oder dreißig Jahren wird er tot sein, aber, o Gott, was sagst du zu diesen Kindern, die allseits um uns her aufwachsen? Denkst du nicht, ihre Eltern sollten sich mit ihnen mehr Mühe geben? Allerdings haben die Erwachsenen im Sommer durch die Arbeit in der Konservenfabrik viel zu tun; trotzdem sollten die Mütter – findest du nicht auch – wenigstens eine halbe Stunde jeden Abend darauf verwenden, die Kleinen Armenisch sprechen zu lehren. Dutzende der Kinder können die einfachste Frage nicht beantworten, außer auf Englisch, und das verstehe ich nicht. Und was diesen Krieg in Europa betrifft, o Gott, meinst du nicht, daß es für alle an der Zeit wäre, aufzuhören? Dünkt dich nicht, es seien genug unschuldige junge Männer getötet worden?»

50

In dieser zuversichtlichen Weise betete der alte Mann über das Thema Krieg zumindest vierzig Minuten lang, zuweilen eine Stunde. Der Prediger war über diese vertrauliche Art von Gottesverehrung nicht gerade erfreut und sagte dem alten Mann eines Tages: «Es ist gut, zu beten, doch vielleicht könntest du dich kürzer fassen.»
«Wie?» fragte der alte Mann ernst.
«Nun», sagte der Prediger, «wenn du auf große Dinge wie den Krieg zu sprechen kommst, so gehe schnell darüber hinweg. Versuche nicht, jedes Problem dieser Welt in jedem deiner Gebete zu lösen.»
«Nein», entgegnete der alte Mann, «was du verlangst, ist unmöglich. Falls du darauf bestehst, daß ich keine Gebete mehr spreche, werde ich selbstverständlich keine mehr sprechen. Doch wenn ich beten soll, laß mich so beten, wie ich beten muß. Das Gebet ist ein Ozean, der immer breiter und breiter wird, sobald du darin schwimmst.»
So wurde diesem wunderbaren alten Christen gestattet, jeden Mittwoch abend im schönen Ozean des Gebets zu schwimmen, bis er achtzehn Jahre später zu guter Letzt starb und endlich das Ufer erreichte, wo ihn Gott zweifellos sehnlich erwartete, um mit ihm alles, eins nach dem andern, aufs neue zu besprechen.

19. Welche strengen, doch lehrreichen Worte dem armen Mann gesagt wurden, der unter dem Eindruck lebte, daß Armsein auch zum Liederlichsein berechtigte – eine Ansicht, die schon vor mehreren Jahrhunderten für unsinnig gehalten wurde

Ein Mann, der immer ungewaschen, mit rinnender Nase, unsauberen Augen, übelriechendem Atem umherlief, wurde gefragt, warum er ein solcher Liederjan sei.
«Ich bin ein armer Mann», antwortete er.
«Ganz recht», ward ihm gesagt, «putz dir die Nase und sei weiterhin ein armer Mann.»

20. Was der zeitweilig verrückte, aber immer demokratisch gesinnte Mann zum zeitweilig gelangweilten, aber immer lernwilligen jungen König sagte

Es lebte einst ein verrückter Mann, der mitunter nicht verrückt war. Eines Tages, als er nicht verrückt war, ging er in eine nahegelegene Stadt, wo er sich bald mit einigen Leuten in den Straßen anfreundete. Unter ihnen befand sich – als Bettler verkleidet, um einmal jener Gefangenschaft zu entrinnen, die darin besteht, stets der wichtigste Mann des Volkes zu sein – der junge König höchstpersönlich.
Dieser Bettler trat zum bisweilen verrückten Mann und sprach: «Habe Mitleid mit mir.»
Der verrückte Mann entgegnete: «Das ist unmöglich, da du selbst bereits das Vorrecht, zu bemitleiden, an dich gerissen hast. Denn nur die Starken können wir bemitleiden, die nicht wissen, daß sie ebenso schwach wie die Schwächsten sind.»
«Wenn du mir dein Mitleid versagst», sprach der König, «so gib mir ein Geldstück, damit ich essen kann.»
Der närrische Mann zog aus seiner Rocktasche einen halben Brotlaib. Im Innern des Brotes stak Käse.
«Ein Geldstück würde dich in meine Schuld stellen», erwiderte er, «und kein Mensch sollte die Demütigung auf sich nehmen, einem anderen durch eine Geldschuld verpflichtet zu sein. Ich lade dich zu Gast. Ein Tisch ist nicht da; allein der Tag ist angenehm.»

Er reichte dem König das halbe Brot. Der König geriet ein wenig in Verlegenheit; doch wenngleich er reichere Speise gewohnt war, biß er in das ihm Dargereichte. Er hatte gehofft, daß solch gemeine Nahrung keine Folter sein möge. Statt Folter erfuhr er Genuß.

«Da ich dein Gast bin», sprach der König, «mußt du mit mir essen.»

Und obwohl ihn dünkte, es habe ihn nie zuvor nach einer Speise so sehr verlangt wie jetzt nach diesem Brot und diesem Käse, brach er den halben Brotlaib in zwei Teile und bot den größeren Teil dem närrischen Mann, der Brot und Käse annahm und sagte: «Du bist nicht länger ein Bettler.»

«Weshalb?» fragte der König.

«Weil alle Lebenden, wie ich glaube, eins sind», antwortete der verrückte Mann. «Man hält dich wohl für einen Bettler. Ich aber sage dir, daß du ein König bist.»

Der König, der jung war, und dem die Worte des verrückten Mannes angenehm klangen, warf seine Bettlerkleidung ab und zeigte sich als der König.

«Du weißt nicht, wie wahr du gesprochen hast», sagte er. «Ich bin wirklich der König.»

Der närrische Mann betrachtete den Herrscher eine Weile, und Tollheit befiel ihn aufs neue.

«Du irrst», behauptete er. «Du bist ein Bettler.»

Im ersten Augenblick war der König hierüber so zornig und so verletzt, daß er nicht zu sprechen vermochte und daran dachte, den verrückten Mann streng bestrafen zu lassen. Doch nach und nach begann er den Sinn dessen, was der andere gesagt hatte, zu

54

verstehen. Er zog die Bettlerkleider wieder an und begann, Brot und Käse vergnügt mit vollen Backen zu mampfen, genau wie ein gewöhnlicher Sterblicher.
«Das ist gutes Brot und guter Käse», sprach er. «Ich bin vom Glück gesegnet, weil ich lebe, weil ich den Duft der Pflanzen atme und meinen Durst mit kühlem Wasser stille. Mehr braucht es nicht.»
«Du bist ein König», sagte der närrische Mann und schlenderte weiter.

21. Wie schwer es für einen Mann ist, sich des Lebens zu freuen, wenn seine Frau gesellschaftlichen Ehrgeiz hat und phantastische Lügen über seine hellseherischen Kräfte erzählt, und wie ein armer Schuhflicker schrecklichen Wirren entging

Ein ehrgeiziges Weib, dessen Mann ein simpler Flickschuster war, wurde von Neid erfaßt auf den Ruhm der Frauen weiser Männer, und es lief mit der Behauptung umher: der allwissendste von allen sei *ihr* Mann, der Musa.
Meinte eine Dame: «Ich habe mein Armband verloren, ein altes und unschätzbares Stück; bringe deinen Mann her, auf daß er mir sage, wo es ist.»
Der arme Mann wurde also zu der reichen Dame geführt und stand verlegen, verwirrt und halb betäubt vor ihr. Er wußte nicht, was sagen, dachte, es sei vielleicht angezeigt, die Quasten ihres Überwurfes zu loben, und tat es. Die reiche Dame befühlte die Quasten und fand darunter das verlorene Armband.
«Er ist wahrhaftig der weiseste», sprach sie zu seinem Weib und gab dem armen Manne viel Geld.
Ein gelehrter Mann aus Indien besuchte die Stadt und verkündete: «Ich will mit dem weisesten eurer weisen Männer sprechen, ohne den Mund zu öffnen, und es wird sich zeigen, ob er mir zu antworten vermag.»
Wiederum ließ man den armen Schuster holen. Auf dem Weg fand er eine Zwiebel; die steckte er in seine Tasche.

56

Der indische Gelehrte zeichnete mit einem Stück Kreide auf eine Tafel einen Kreis. «Das ist eine Wassermelone», dachte der einfältige Flickschuster und zog einen Strich mitten hindurch in der Meinung: «Die Hälfte für ihn und die Hälfte für mich.»
Der weise Mann aus Indien war befriedigt und beeindruckt.
Seiner Tasche entnahm er sodann ein Ei und legte es auf den Tisch. Der Schuster sagte sich: «Das ist ein halbes Frühstück; mit der Zwiebel wird's ein ganzes sein.» Er legte die Zwiebel neben das Ei, und der gelehrte Mann aus Indien geriet abermals in Staunen.
Gleich darauf streckte er seine Faust aus und hielt sie dem Schuster vor Augen. Dies war zuviel für den Armen, der erschrak und sein Weib zu verwünschen begann. Das Weib hieß Rose.
«Rose», sagte er. «Rose.»
Der gelehrte Mann sprang auf und sprach: «Wahrhaftig, er ist der Weiseste der Weisen. Ich zeichnete die Welt, und er zog die Teilungslinie hindurch. Ich legte das Ei auf den Tisch als Symbol der Erde, und er tat die Zwiebel dazu, zu zeigen, daß die Erde aus Schichten besteht. Ich hielt ihm meine geschlossene Faust vor Augen, jetzt, im tiefsten Winter, fragte ihn, was darinnen ist, und er antwortete, daß es eine Rose sei.»
Der Gelehrte öffnete seine Hand und warf eine Rose auf den Tisch.
«Dieser Mann ist in Wahrheit der Weiseste», sprach er.
Der einfältige Flickschuster wurde seiner Weisheit wegen sehr berühmt. Als dem König fabelhafte Reichtümer abhanden kamen, rief er den Schuster zu sich und sprach: «Du weißt alles. Du weißt, wer die Diebe waren; nenne sie mir, oder ich werde

deinem Schweigen entnehmen, daß du zu ihnen gehörst. Ich gebe dir vierzig Tage, in welcher Frist du mir kundtun mußt, wer die Räuber sind, und wo der mir geraubte Reichtum liegt.»
«Sehr wohl», sagte der arme Schuhflicker und ging heim.
Er berichtete seiner Frau, was geschehen war.
«Da ich nur noch vierzig Tage zu leben habe und nicht rechnen kann», sagte er, «fülle mir bitte vierzig Datteln in einen Krug, damit ich jeden Abend eine esse, und wenn alle verspeist sind, weiß, daß meine Zeit um ist.»
Auch die Räuber hatten von seinem Ruhm vernommen, waren neugierig, zu erfahren, was er in seiner Behausung gegen sie anfing und schickten deshalb einen Mann, der auf das Dach des Hauses klettern und Wache halten mußte. Der Mann lag gerade auf dem Dach, als der Schuster den Krug nahm und mit den Worten: «Der erste ist gekommen» eine Dattel in seine Hand schüttete.
«Ja, er weiß alles», sprach der Dieb bei sich und traf Anstalten, sich davonzumachen. Der Schuhflicker aber steckte die Dattel in den Mund und sagte: «Und der erste ist gegangen.» Nun glaubte auch der Räuber, daß der Schuster in Wahrheit weise sei.
Der Räuber kehrte zu seiner Bande zurück und erzählte den anderen, im ganzen vierzig an der Zahl, was sich ereignet hatte. Begreiflicherweise waren ihre Bestürzung und ihre Angst groß; dennoch wünschten sie des einen Räubers Bericht zu überprüfen und schickten daher am folgenden Tag einen zweiten Mann mit ihm auf das Dach des Flickschusters.
Der Flickschuster trat zum Dattelkrug, ließ wiederum eine Frucht in seine Hand gleiten und sagte: «Zwei sind gekommen.»

Die Diebe wandten sich zu gehen; da schob der Schuster die Dattel in den Mund und sprach: «Zwei sind gegangen.»
Die beiden Diebe kehrten zurück und erzählten ihr Erlebnis. Am nächsten Tag wurden drei gesandt, und natürlich sprach der Schuhflicker: «Drei sind da.» Alles in allem sandten sie ihrer neununddreißig, und der Schuster glaubte nicht anders, als daß er tags darauf sterben würde. Doch die Räuber kamen vom Dach herab und bettelten um Gnade.
«Du weißt alles», sagten sie zum Schuster. «Wir werden des Königs Schätze ausliefern und ein zehnfaches, von anderen Menschen Gestohlenes obendrein, wenn du ihn nur darum bittest, unser Leben zu schonen.»
«Das will ich», antwortete der Schuster. «Wo ist der Schatz versteckt?»
«Als ob du das nicht wüßtest», erwiderten die Diebe. «Warum treibst du Scherz mit uns? Der Schatz ist auf jenem Hügel, am Fuße des dritten Baumes auf der Straße nach Teheran vergraben.»
Der Flickschuster ging zum König und erzählte seine Geschichte; der Schatz wurde ausgegraben, die Diebsbande in Freiheit gesetzt und dem Schuster reichlicher Lohn zuteil.
Er nahm dieses Vermögen, verließ sein Weib und wanderte eiligst davon in eine fremde Stadt. Er ahnte, daß ihm ein nächstes Mal in schwieriger Lage das Glück nicht mehr hold sein würde. Seine Frau heiratete einen Buchhalter mit gesellschaftlichem Ehrgeiz. Der Schuster verspielte sein Geld nicht, verschleuderte es nicht an lockere Weiber, noch tat er ähnliches damit; sondern er vergrub es lediglich in einem Hügel, Gott weiß wo, und machte, da er zu flicken und zu schustern verstand,

die Arbeit liebte und nachts gern den Schlaf des Müden schlief, in der weitentfernten Stadt einen neuen Schusterladen auf. Drei Jahrhunderte lang fand niemand den Schatz. Drauf verstrichen abermals drei Jahrhunderte. Die Sprache des Volkes änderte sich. Ein weiteres Jahrhundert verging. Der Schuster war während all dieser Zeit mausetot gewesen, und kein Mensch wußte, wo das Geld lag. Deshalb blieb es einfach liegen und fügte niemand Schaden zu.

22. Berichtet die Worte des Priesters an den Mörder, der die Grundregel unmenschlichen Verhaltens übertreten hatte

Der Priester wandte sich dem Manne zu, der ihm meuchlings das Messer in den Rücken gestoßen hatte, prüfte sorgfältig dessen Gesicht und sprach sterbend: «Warum tötest du mich? Ich habe dir nie eine Gefälligkeit erwiesen.»

23. Handelt davon, wie lang der Weiber Haar ist, wie kurz der Verstand und wie entsetzlich ihr Mangel an Achtung vor dem Genie

Ein Mann besaß ein Cello mit einer Saite, über die er den Bogen stundenlang führte, den Finger immer auf der gleichen Stelle haltend. Seine Frau ertrug dieses Geräusch sieben Monde lang in der geduldigen Erwartung, daß der Mann entweder vor Langeweile sterben oder das Instrument zerstören würde. Da sich jedoch weder das eine noch das andere dieser wünschenswerten Dinge ereignete, sagte sie eines Abends, wie man glauben darf, in sehr sanftem Tone: «Ich habe bemerkt, daß dieses wundervolle Instrument, wenn es andere spielen, vier Saiten hat, über welche der Bogen geführt wird, und daß die Spieler ihre Finger ständig hin und her bewegen.» Der Mann hörte einen Augenblick lang auf zu spielen, warf einen weisen Blick auf seine Frau, schüttelte das Haupt und sprach: «Du bist ein Weib. Dein Haar ist lang, dein Verstand kurz. Natürlich bewegen die anderen ihre Finger beständig hin und her. Sie suchen die richtige Stelle. Ich habe sie gefunden.»

24. Das Problem des unglücklichen kleinen Knaben, dessen Vater – ahnungslos, daß jedweder des Kummers Fähige alterlos ist und es deshalb ablehnt, sein verwundetes Herz mit einer Puppe heilen zu lassen – den Sohn für ein Kind hielt, anstatt ihn als Persönlichkeit zu betrachten

Damit er seinen Kummer vergesse, reichte man einem unglücklichen kleinen Knaben, der im Hause von seines Vaters Freund zu Besuch weilte, ein Spielzeugschwert und eine Spielzeugpistole. Der Knabe rannte durch alle Zimmer, vernichtete Feinde mannigfaltigster Art und vollführte einen derartigen Lärm, daß der Vater und der Freund ein gemeinsames, beiden sehr erwünschtes Gespräch nicht zu führen vermochten. Der Vater bat den Knaben, etwas leiser zu sein. Dies war jedoch nicht so ganz möglich, indem das Büblein zwar leise begann, allmählich aber in sein lautes Gemetzel des Feindes zurückverfiel und wiederum zur Ruhe gemahnt werden mußte – mit dem gleichen Erfolg: Zunächst ein kurzes Piano, bald darauf und mehr denn je Fortissimo. Erneute Bitte. Gleiches Ergebnis. Schließlich entriß der Vater – der gehört hatte, Strenge sei gegenüber Kindern bisweilen ein gut Ding, und nicht begriff, daß sein Sohn nicht irgendwelchen Kindern gleichzusetzen, sondern eine Persönlichkeit, eine wirklich einmalige Person war – der Vater also entriß dem Knaben das Spielzeugschwert und die Spielzeugpistole und tat beides außer Reichweite. Dies reizte den Knaben, und es war entschieden ein Geschehnis, das beweint werden mußte, wozu er sich denn auch mit großer Macht und unter einigen schönen Erstickungsanfällen und so weiter herbeiließ. Natürlich war das noch schlimmer als vorher das Schlachtengetöse.

«Willst du ihm nicht seine Spielsachen zurückgeben?» riet der Freund des Vaters.

«Nein», entgegnete der Vater.

«Ach, bitte», sagte der Freund. «Wie der arme Junge schreit! Lieber Gott, es bricht ihm noch das Herz.»

«Nein», sprach der Vater. «Diesmal werde ich nicht nachgeben. Ich bin gekommen, um mich mit dir zu unterhalten.»

«Oh, gib ihm sein Schwert und seine Pistole, und laß ihn, wenn er will, die ganze Welt zerstören», bat der Freund.

«Na, meinetwegen», seufzte der Vater.

Er reichte dem Knaben die Spielsachen zurück, doch nun hatte der Knabe keinerlei Verwendung mehr für sie. Das erboste den Vater außerordentlich.

«Da», sagte er, «da ist dein Schwert. Da ist deine Pistole. Schieß drauflos. Hau drauflos.»

«Nein», sprach der Knabe.

Und er weinte noch fürchterlicher als zuvor.

Der Freund beschloß, wenn irgend möglich, Abhilfe zu schaffen. [Der Knabe stand am Fenster, wandte den Männern den Rücken und schluchzte tragisch.] Vor sechs Jahren hatte der Freund eine Karnevals-Veranstaltung besucht und sich dort bemüht, eine Selbstladepistole mit perlverziertem Griff zu gewinnen, statt dessen aber eine Art Cupido, eine fette Engelspuppe gewonnen. Ein Ding aus Gips, das denkbar lächerlichste Mach-

werk, weder menschenähnlich noch sonst etwas. Eine Absurdität. Aus Gott weiß welchem Grund hatte er sich entschieden, das Scheusal aufzubewahren, falls es eines schönen Tages von irgendwelchem Nutzen sein könnte.
Dieser Tag war offenbar gekommen.
Er eilte zu dem Schrank, in welchem er all den Kram aufzubewahren pflegte, der sich mit den Jahren ansammelt, und brachte die Flügelpuppe zum Vorschein, trat zu dem weinenden Knaben und sprach: «Bitte weine nicht länger. Wenn du zu weinen aufhörst, darfst du dies hier haben.» Damit zeigte er die Puppe, die er hinter dem Rücken verborgen gehalten hatte, und streckte sie dem Knaben entgegen. Der Knabe nahm die lächerliche Puppe und hörte zu weinen auf. Zwei volle Minuten lang betrachtete er sie in tiefstem Schweigen, während sein Vater und der Freund ihn betrachteten. Die Tränen auf seinen Backen trockneten; er bedachte seinen Vater und des Vaters Freund mit einem kritischen Blick und bemerkte sodann lediglich: «Ich nehme sie heim und zerschmeiß sie.»

25. Meiner Großmutter Lucy herrliche Parabel von den drei Unterweisungen, wie diese nach achtzehn langen Jahren den beschränkten Mann zu seinem völlig reizlosen Eheweib zurückführten, und wie er meiner Meinung nach noch eine vierte Unterweisung hätte brauchen können

Meine Großmutter Lucy erzählte mir eines Sonntags nachmittags die Geschichte jenes Ehemannes, der immerfort daheim saß und das Haus nicht verlassen wollte.
Seine Frau ging zu einem weisen Mann und fragte ihn, was sie tun solle. Der weise Mann riet ihr, knapp außer Reichweite ihres Ehegemahls eine Rosine zu Boden fallen zu lassen. Ihr Mann würde aufstehen, sich bücken, die Rosine aufheben und sie essen. Drauf, befahl der weise Mann, solle die Frau wieder eine Rosine zu Boden werfen und auf diese Weise den Gemahl veranlassen, sich der Türe zu und schließlich zum Haus hinaus zu bewegen; was alles auch geschah.
Die Frau schloß ihm die Tür vor der Nase zu und sagte ihm, er solle fortgehen und nicht wiederkommen, ehe er eine große Summe Geldes verdient hätte.
Der Mann blieb achtzehn Jahre fort.
Drei Goldstücke waren alles, was er während dieser Zeit zu ersparen vermochte.
Immerhin war dies Geld; er beschloß also, zu seiner Frau zurückzukehren.
Auf dem Heimweg traf er einen gelehrten Mann, der auf der

Treppe eines öffentlichen Gebäudes saß. Der gelehrte Mann bot Lebensunterweisungen feil, jede zum Preis eines Goldstückes. Bei sich dachte der arme Ehemann, daß seine drei Goldstücke ohnehin nur sehr wenig Geld seien, und entschloß sich, eine der Unterweisungen zu kaufen. Die Unterweisung lautete:
Dem Häßlichen sage nicht, daß es häßlich ist.
Dies war nicht genug der Unterweisung; infolgedessen zahlte der arme Mann sein zweites Goldstück für eine weitere des Inhalts:
Sei es Regen, Bach, Strom, Teich oder Meer, in allen Unternehmungen ängstige dich nicht vor dem Wasser; stürze dich vielmehr hinein und schwimme; der allgütige Gott wird dich sicher geleiten.
Dies klang lediglich verwirrend, deshalb gab der arme Mann sein letztes Goldstück für eine dritte Unterweisung, die nur aus einem Wort bestand:
Geduld.
Der arme Mann dankte dem Gelehrten und schritt seines Weges weiter. Er begann eine Wüste zu durchwandern, da er ein Reittier – Esel, Pferd oder Kamel – nicht besaß. Noch hatte er keine zehn Meilen zurückgelegt, als er eine Karawane erblickte, Kamele und Treiber, welch letztgenannte sehr erregt waren.
Es scheint, daß die kleine Wüstenoase zwar Wasser enthielt, das Wasser aber unerreichbar war, so daß weder Menschen noch Tiere ihren Durst stillen konnten. Die Tiere vermochten sich vor Erschöpfung nicht mehr von der Stelle zu rühren.
Der arme Mann erinnerte sich des gelehrten Mannes Unterweisung, vor Wasser keine Furcht zu hegen.
Er befahl den Kameltreibern, ihn an einem Strick hinabzulassen

und Urnen, Krüge und Töpfe ihm nachzusenden; auf diese Weise wolle er sie mit Wasser beliefern.
Gesagt, getan. Er war sehr froh, die Unterweisungen gekauft zu haben, und rief, nachdem die Tiere und auch die Treiber nach Herzenslust den Durst gestillt hatten, nach oben, sie sollten fortfahren, das Wasser emporzuziehen. Sie wußten nicht, warum er dies wünschte, und fragten, was mit dem Wasser zu tun sei. Er hieß sie zuerst sich und dann die Tiere baden und hernach das Wasser in einem Bachbett zu fangen, und sie gehorchten ihm. Nach einer Weile als der Wasserspiegel sank, gewahrte der Mann eine goldene Tür von ungewöhnlicher Schönheit. Sobald das Wasser genügend gefallen war, öffnete er die Tür und betrat den prächtigsten Saal, den er je gesehen hatte. Es war ein Thronsaal. Auf dem Throne saß ein alter Mann. Auf dem einen Knie dieses alten Mannes [der ein König war] hockte ein ungeheurer, warziger, feuchter Frosch, auf dem andern Knie lag eine fette zusammengerollte Schlange.
Es dünkte den armen Mann recht sonderbar, solch gemeine Dinge an solch herrlichem Ort zu finden. Der alte König hob die Lider und blickte dem armen Mann entgegen.
«Willkommen», sprach er, «willkommen ihm, der eindrang, wo in Hunderten von Jahren nicht einmal die Aale eindrangen.»
Der arme Mann war angesichts des Reichtums und Glanzes im Saal von Bewunderung erfüllt, jedoch einigermaßen verwirrt.
«Was sind diese, so ich auf den Knien halte?» forschte der König.
Der arme Mann erinnerte sich der ersten Unterweisung des Gelehrten; das Häßliche nicht häßlich zu heißen.
«Jugend und Kraft», antwortete er.

Im selben Augenblick erschien eine große Anzahl der stattlichsten kräftigen Männer, die der arme Mann je gesehen hatte; der Frosch und die Schlange verschwanden.

Der König, der mehrere Jahrhunderte lang auf die Ankunft eines solchen Mannes wie unseres Armen gewartet hatte, war hoch erfreut.

«Dafür», sprach er, «will ich dir alles geben, was du wünschest, welcher Art es auch sei. Nenne es.»

Der arme Mann erzählte dem König hierauf die Geschichte der letzten achtzehn Jahre seines Lebens.

Der König gab ihm Gold und Edelsteine, reichlich für zehn Könige, und befahl ihm, zu seiner Frau zurückzukehren. Der arme Mann erwarb die Karawane, die fünf Meilen lang war, und bezahlte dafür einen guten Kaufpreis. Dann kehrte er nach Hause zurück.

Ehe er hineinging, meinte er bei sich: «Ich will doch sehen, ob sie mir treu gewesen ist.»

Er kletterte auf das Dach und sah, durch einen Spalt blickend, zwei Betten, das seines Weibes und sein eigenes. In dem einen Bett lag sein Weib und im anderen ein Mann.

Dies kränkte den armen Mann sehr.

Sein Reichtum schien ihm jetzt unnütz [gemäß den Worten meiner Großmutter]. Jedenfalls beschloß er, vom Dach hinabzusteigen und den fremden Mann, sein Weib und sich selbst zu töten.

Da erinnerte er sich der dritten Unterweisung: Geduld, und er entschied sich dazu, auf dem Dach liegenzubleiben und zum Himmel emporzublicken.

Nach einigen Minuten hörte er, wie sich der fremde Mann in seinem Bette regte. Jener Mann setzte sich auf und sagte: «Mutter, ich bin durstig.»
Genau das sagte er.
Da wußte der arme Mann, daß jener Mann sein Sohn war.
Bei Tagesanbruch stieg er vom Dach hinab. Er klopfte an die Tür. Seine Frau öffnete, erkannte ihn jedoch nicht wieder.
«Ich bin dein Mann», sprach er. «Vor achtzehn Jahren schicktest du mich fort und sagtest mir, ich solle nicht zurückkommen, es sei denn, ich hätte Reichtum erworben. Wohlan, ich komme mit Reichtümern zurück.»
Die Frau sah die Karawane, Hunderte von Kamelen beladen mit allerlei wunderbaren Dingen.
Sie hieß ihn willkommen, umarmte ihn und stellte ihm seinen Sohn vor.
Meine Großmutter hielt dies für eine wundervolle Geschichte, mich aber dünkt sie sehr traurig; denn das Weib war ungut und der Mann ein Tor. Was für ein Dummkopf war er doch!

26. Welch lieblich Ding dem schönen Mädchen geschah, das von der bösen Stiefmutter in dem Turm eingemauert ward

Meine Großmutter Lucy erzählte mir auch die Geschichte von dem Mädchen und der Stiefmutter, eine wahrhaft wunderschöne Geschichte.
In aller Unschuld hat meine Großmutter mir die Geschichte in den letzten zwanzig Jahren immer wieder erzählt, alljährlich mindestens einmal und oft zweimal. Dies aber ist der Kern der Geschichte: Die böse Stiefmutter zwang das schöne Mädchen, in dem herrlich gefügten Turm zu stehen und dem Turme als Fundament zu dienen, indes sie Steine um das Mädchen häufte, bis es am Ende zugedeckt, doch nicht tot war. Bevor es starb, ereignete sich etwas, im Weltall, glaube ich, oder in den Herzen aller Lebenden, und aus dem schönen Mädchen wurden Schwalben, Nachtigallen und vielerlei liebliche gefiederte Wesen, die seither den Turm umfliegen und traurig singen, zum Entzücken und herzzerbrechend.